EXCEL OFFICE 365

EXERCICES

DÉBUTANT

AUTEUR : RAFAEL HERNANDEZ SANCHEZ

SOMMAIRE

INTRODUCTION

Bienvenue dans le livre d'exercices d'Excel Office 365 pour débutants. Ce livre a été conçu pour vous aider à acquérir les compétences de base nécessaires pour utiliser Excel dans le cadre de vos tâches quotidiennes, que ce soit à la maison ou au travail. Les exercices présentés ici vous permettront de vous familiariser avec les fonctionnalités essentielles d'Excel Office 365, telles que la création de tableaux, les formules, les graphiques et bien plus encore. Que vous soyez un étudiant, un professionnel ou simplement quelqu'un qui souhaite améliorer ses compétences en Excel, ce livre est fait pour vous.

EXCEL OFFICE 365

Excel Office 365 est l'une des applications les plus populaires de la suite Office de Microsoft. Que vous soyez un étudiant, un professionnel ou simplement quelqu'un qui souhaite améliorer sa productivité, Excel Office 365 est un outil puissant qui peut vous aider à organiser et analyser vos données de manière efficace.

Excel est un logiciel de feuille de calcul qui vous permet de créer, manipuler et analyser des données sous forme de tableaux. Il offre une large gamme de fonctionnalités, des fonctions de base telles que la saisie de données et la mise en forme aux fonctionnalités avancées telles que les formules, les graphiques et les tableaux croisés dynamiques.

L'une des principales caractéristiques d'Excel Office 365 est son intégration avec le cloud. Vous pouvez enregistrer vos classeurs dans OneDrive, la plateforme de stockage en ligne de Microsoft, ce qui vous permet d'accéder à vos fichiers à partir de n'importe quel appareil connecté à Internet. De plus, vous pouvez collaborer en temps réel avec d'autres utilisateurs, ce qui facilite le travail d'équipe et le partage d'informations.

Dans ce livre d'exercices, nous vous guiderons à travers une série d'exercices pratiques conçus spécifiquement pour les débutants. Vous apprendrez les bases d'Excel Office 365, en acquérant les compétences nécessaires pour créer et gérer des feuilles de calcul, saisir et formater des données, utiliser des formules et des fonctions, créer des graphiques, filtrer et trier des données, et bien plus encore.

Que vous souhaitiez suivre vos dépenses personnelles, créer des rapports professionnels ou analyser des données complexes, Excel Office 365 vous offre les outils nécessaires pour atteindre vos objectifs. Préparez-vous à explorer le monde des feuilles de calcul et à découvrir comment Excel Office 365 peut faciliter votre travail et vous faire gagner du temps.

Prêt à commencer ? Alors plongeons dans les exercices et découvrons ensemble les merveilles d'Excel Office 365 pour les débutants !

Exercice 1 : Découverte de l'interface d'Excel

Dans cet exercice, nous allons explorer l'interface d'Excel Office 365 et prendre connaissance des éléments essentiels. Suivez les étapes ci-dessous pour vous familiariser avec l'interface.

- **Étape 1 : Lancement d'Excel Office 365**

    Ouvrez Excel Office 365 sur votre ordinateur. L'application se lance avec une nouvelle feuille de calcul vide.

- **Étape 2 : Barre de titre**

    Observez la barre de titre en haut de la fenêtre. Vous y trouverez le nom du classeur actif (par défaut, il s'agit de « Classeur1 » si vous n'avez pas encore enregistré votre fichier).

- **Étape 3 : Ruban**

    Juste en dessous de la barre de titre se trouve le ruban, qui contient des onglets et des groupes d'outils. Les onglets principaux comprennent Accueil, Insertion, Mise en page, Formules, Données, Révision et Affichage. Chaque onglet regroupe des fonctionnalités spécifiques d'Excel.

ONGLETS PRINCIPAUX

GROUPES D'OUTILS ET COMMANDES

▣ Étape 4 : Barre d'outils d'accès rapide

Au-dessus du ruban, vous verrez la barre d'outils d'accès rapide. Cette barre contient des icônes pour les commandes couramment utilisées telles qu'Enregistrer, Annuler et Rétablir. Vous pouvez personnaliser cette barre pour y ajouter d'autres commandes fréquemment utilisées.

▣ Étape 5 : Barre de formule

Juste en-dessous du ruban, vous trouverez la barre de formule. C'est là que vous pouvez saisir des formules, des fonctions ou simplement des données dans les cellules.

▣ Étape 6 : Feuille de calcul

La zone principale de l'interface est la feuille de calcul. Elle est divisée en colonnes (étiquetées par des lettres) et en lignes (étiquetées par des chiffres). Les cellules sont formées par l'intersection des colonnes et des lignes (par exemple, la cellule A1 est située dans la première colonne et la première ligne).

🔳 Étape 7 : Barres de défilement

Si votre feuille de calcul contient plus de données que ce qui peut être affiché à l'écran, vous pouvez utiliser les barres de défilement verticale et horizontale pour naviguer dans votre feuille de calcul.

🔳 Étape 8 : Options de zoom

Dans le coin inférieur droit de la fenêtre Excel, vous trouverez les commandes de zoom. Vous pouvez utiliser ces commandes pour ajuster le niveau de zoom de votre feuille de calcul.

Félicitations ! Vous avez maintenant exploré les éléments essentiels de l'interface d'Excel Office 365. Prenez le temps de vous familiariser avec ces éléments, car ils seront utilisés tout au long de votre parcours avec Excel. Dans les exercices suivants, nous plongerons plus en détail dans les fonctionnalités d'Excel Office 365.

Exercice 2 : Création et enregistrement d'un nouveau classeur

Dans cet exercice, nous allons créer un nouveau classeur dans Excel Office 365 et l'enregistrer sur votre ordinateur. Suivez les étapes ci-dessous pour compléter l'exercice :

- Étape 1 : Lancez Excel Office 365 sur votre ordinateur
- Étape 2 : Classeur vierge

    Sur l'écran d'accueil, cliquez sur « Nouveau classeur » pour commencer avec un classeur vierge.

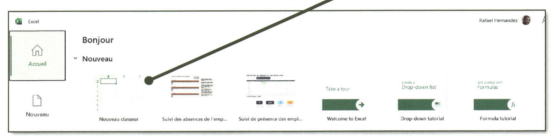

    Une fois que le classeur est ouvert, vous pouvez commencer à saisir des données ou à effectuer d'autres actions. Pour l'instant, nous allons simplement nous concentrer sur la création et l'enregistrement du classeur.

- Étape 3 : Enregistrement

    Pour enregistrer le classeur, cliquez sur l'icône de disquette dans la barre d'accès rapide ou sélectionnez « Fichier » dans le coin supérieur gauche de l'interface, puis cliquez sur « Enregistrer sous ».

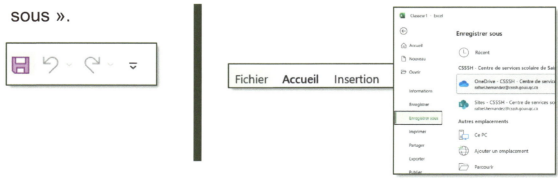

■ Étape 4 : Enregistrer sous

Une boîte de dialogue « Enregistrer sous » apparaîtra. Choisissez l'emplacement où vous souhaitez enregistrer le classeur, puis donnez-lui un nom. Vous pouvez également choisir le format de fichier parmi les options disponibles (par exemple, « Classeur Excel (*.xlsx) »). Cliquez ensuite sur le bouton « Enregistrer ».

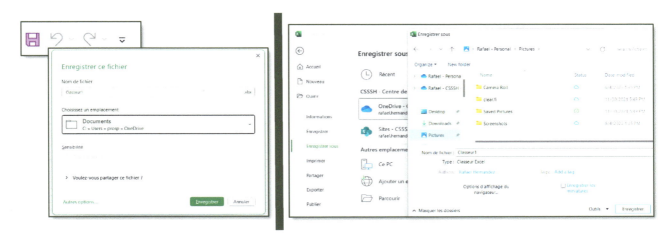

Votre classeur est maintenant enregistré sur votre ordinateur. Si vous apportez des modifications à votre classeur, n'oubliez pas de l'enregistrer régulièrement en utilisant le raccourci clavier Ctrl+S ou en cliquant sur l'icône de disquette dans la barre d'accès rapide.

Félicitations ! Vous avez terminé l'exercice 2 et vous savez maintenant comment créer un nouveau classeur dans Excel Office 365 et l'enregistrer sur votre ordinateur. Dans les exercices suivants, nous continuerons à explorer d'autres fonctionnalités et actions que vous pouvez effectuer avec Excel. Continuez à pratiquer et à découvrir les possibilités d'Excel !

Exercice 3 : Gestion des feuilles de calcul

Dans cet exercice, nous allons explorer la gestion des feuilles de calcul dans Excel Office 365. Suivez les étapes ci-dessous pour compléter l'exercice :

- ▣ Étape 1 : Ouvrez Excel Office 365 sur votre ordinateur.
- ▣ Étape 2 : Créez un classeur vierge en sélectionnant « nouveau classeur » sur l'écran d'accueil.

   Par défaut, un nouveau classeur contient une feuille de calcul appelée « Feuil1 ». Vous pouvez ajouter ou supprimer des feuilles de calcul selon vos besoins.

- ▣ Étape 3 : Nouvelle feuille de calcul

   Pour ajouter une nouvelle feuille de calcul, cliquez sur le bouton « + » à droite des onglets de feuille. Une nouvelle feuille de calcul vide, nommée « Feuil2 », sera ajoutée. Vous pouvez également utiliser le raccourci clavier Shift+F11 pour ajouter une nouvelle feuille de calcul.

- ▣ Étape 4 : Changement de nom de la feuille de calcul Renommez la feuille de calcul en double-cliquant sur le nom de la feuille (par exemple, « Feuil2 ») et en saisissant un nouveau nom, par exemple « Exemple ».

⊞ Étape 5 : Suppression de la feuille

Pour supprimer une feuille de calcul, cliquez avec le bouton droit de la souris sur l'onglet de la feuille et sélectionnez « Supprimer » dans le menu contextuel. Une boîte de dialogue de confirmation apparaîtra, cliquez sur « OK » pour supprimer la feuille de calcul. Assurez-vous de ne pas supprimer accidentellement des données importantes.

⊞ Déplacement des feuilles

Pour déplacer une feuille de calcul, faites glisser l'onglet de la feuille vers la gauche ou la droite de l'interface. Vous verrez un aperçu de l'emplacement de la feuille lors du déplacement. Relâchez le bouton de la souris pour déplacer la feuille vers l'emplacement souhaité.

Copier une feuille de calcul

Pour copier une feuille de calcul, cliquez avec le bouton droit de la souris sur l'onglet de la feuille et sélectionnez « Déplacer ou copier » dans le menu contextuel. Dans la boîte de dialogue qui apparaît, sélectionnez l'emplacement de destination (par exemple, « Nouveau classeur ») et cochez la case « Créer une copie ». Cliquez sur « OK » pour copier la feuille de calcul.

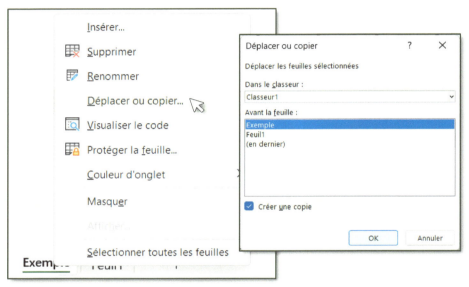

Utilisez les onglets de feuille en bas de l'interface pour naviguer entre les différentes feuilles de calcul. Cliquez simplement sur l'onglet de la feuille pour passer à celle-ci.

Félicitations ! Vous avez terminé l'exercice 3 et vous savez maintenant comment gérer les feuilles de calcul dans Excel Office 365. Les feuilles de calcul sont un moyen pratique d'organiser vos données et de travailler sur différents aspects de votre classeur. Dans les exercices suivants, nous continuerons à explorer les fonctionnalités d'Excel. Continuez à pratiquer et à découvrir les nombreuses possibilités qu'Excel offre !

SAISIE ET MISE EN FORME DES DONNÉES

Exercice 4 : Saisie de données dans les cellules

Dans cet exercice, nous allons apprendre à saisir des données dans les cellules d'Excel Office 365. Suivez les étapes ci-dessous pour compléter l'exercice :

- Étape 1 : Lancez Excel Office 365 sur votre ordinateur.
- Étape 2 : Ouvrez un classeur vierge en sélectionnant « nouveau classeur » sur l'écran d'accueil.

    Vous verrez une feuille de calcul vide avec des colonnes identifiées par des lettres (A, B, C, ...) et des lignes identifiées par des numéros (1, 2, 3, ...).

- Étape 3 : Sélection de cellules

    Sélectionnez la cellule A1 en cliquant dessus. La cellule sélectionnée est mise en surbrillance.

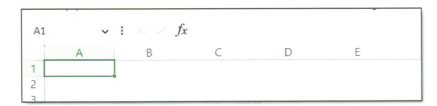

- Étape 4 : Saisi des données

    Commencez à saisir vos données. Par exemple, vous pouvez saisir votre nom dans la cellule A1.

    Appuyez sur la touche "Entrée" ou "Tabulation" pour valider la saisie. La cellule active se déplace automatiquement vers la cellule en dessous (A2).

Saisissez d'autres données dans les cellules suivantes, par exemple :

- Dans la cellule B1, saisissez « Âge : ».
- Dans la cellule C1, saisissez « Sexe : ».
- Dans la cellule B2, saisissez votre âge.
- Dans la cellule C2, saisissez votre sexe.

Continuez à saisir des données dans d'autres cellules selon votre choix. Vous pouvez saisir du texte, des nombres, des dates, etc.

Pour modifier une valeur saisie, double-cliquez sur la cellule correspondante et modifiez le contenu. Appuyez sur "Entrée" ou "Tabulation" pour valider les modifications.

Félicitations ! Vous avez terminé l'exercice 4 et vous savez maintenant comment saisir des données dans les cellules d'Excel Office 365. Les cellules sont l'endroit où vous stockez vos données dans une feuille de calcul Excel. Dans les exercices suivants, nous continuerons à explorer d'autres fonctionnalités d'Excel. Continuez à pratiquer et à découvrir les possibilités qu'Excel offre pour travailler avec les données !

Exercice 5 : Mise en forme des données (police, taille, couleurs)

Dans cet exercice, nous allons explorer la mise en forme des données dans Excel Office 365. Nous allons apprendre à modifier la police, la taille et les couleurs des cellules. Suivez les étapes ci-dessous pour compléter l'exercice :

■ Étape 1 : Saisie des données

> Créez un nouveau classeur, puis saisissez les données suivantes :
>
> - Cellule A1 : Nom;
> - Cellule B1 : Âge;
> - Cellule C1 : Sexe;
> - Cellule A2 : Votre nom;
> - Cellule B2 : Votre âge;
> - Cellule C2 : Votre sexe.

■ Étape 2 : Sélection des cellules

> Sélectionnez les cellules contenant les en-têtes (A1, B1, C1). Vous pouvez le faire en cliquant et en faisant glisser votre souris pour englober les cellules ou en maintenant la touche Ctrl enfoncée tout en cliquant sur chaque cellule.

Dans le ruban, sous l'onglet "Accueil", vous trouverez les options de mise en forme pour la police, la taille, la couleur, etc.

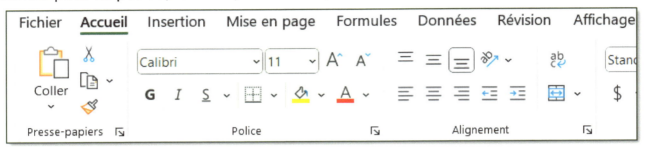

🔲 Étape 3 : Mise en forme

Modifiez la police des en-têtes en sélectionnant une police différente dans la liste déroulante de la section "Police".

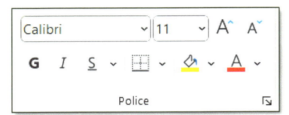

Modifiez la taille de la police en sélectionnant une taille différente dans la liste déroulante de la section "Taille de police".

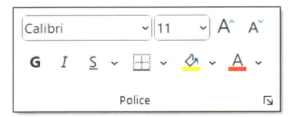

Changez la couleur des en-têtes en sélectionnant une couleur différente dans la liste déroulante de la section "Couleur de police".

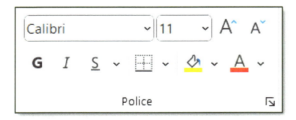

🔲 Étape 4 : Mise en forme

Sélectionnez les cellules contenant les données (A2, B2, C2).
Modifiez la mise en forme des données de la même manière que vous l'avez fait pour les en-têtes. Choisissez une police, une taille et une couleur différentes pour les données.

Explorez d'autres options de mise en forme, telles que la mise en gras, l'italique, le soulignement, la couleur de fond, etc., disponibles dans le ruban sous l'onglet "Accueil".
Expérimentez avec différentes combinaisons de mises en forme pour obtenir le résultat souhaité.

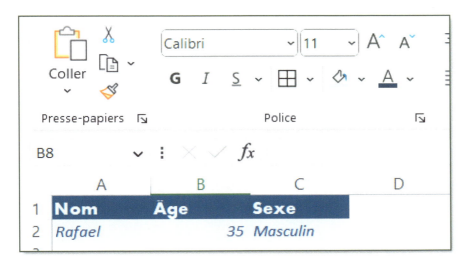

Félicitations ! Vous avez terminé l'exercice 5 et vous savez maintenant comment mettre en forme les données dans Excel Office 365. La mise en forme permet de rendre vos feuilles de calcul plus attrayantes et plus lisibles. Dans les exercices suivants, nous continuerons à explorer d'autres fonctionnalités d'Excel. Continuez à pratiquer et à découvrir les possibilités qu'Excel offre pour améliorer l'apparence de vos données !

Exercice 6 : Utilisation des styles de cellules

Dans cet exercice, nous allons explorer l'utilisation des styles de cellules dans Excel Office 365. Les styles de cellules sont des ensembles prédéfinis de formats de cellule qui vous permettent d'appliquer rapidement une mise en forme cohérente à vos données. Suivez les étapes ci-dessous pour compléter l'exercice :

▣ Étape 1 : Saisie des données

Créez un nouveau classeur, puis saisissez les données suivantes :

- Cellule A1 : Nom;
- Cellule B1 : Âge;
- Cellule C1 : Sexe;
- Cellule A2 : Votre nom;
- Cellule B2 : Votre âge;
- Cellule C2 : Votre sexe.

▣ Étape 2 : Sélection des données

Sélectionnez les cellules contenant les en-têtes et les données (A1:C2).

	A	B	C
1	Nom	Âge	Sexe
2	Rafael	35	Masculin

📊 Étape 3 : Styles

Dans le ruban, sous l'onglet « Accueil », recherchez la commande « Styles de cellule » qui propose une galerie de styles de cellules prédéfinis.

Passez en revue les différents styles de cellules disponibles en survolant les options avec votre souris. Vous verrez un aperçu des styles appliqués à vos données en temps réel.

Choisissez un style de cellule qui vous plaît en cliquant dessus.

Si vous souhaitez supprimer le style de cellule, sélectionnez les cellules concernées et cliquez sur l'option « Effacer » dans la section « Édition » du ruban.

Félicitations ! Vous avez terminé l'exercice 6 et vous savez maintenant comment utiliser les styles de cellules. Les styles de cellules vous permettent d'appliquer rapidement une mise en forme cohérente à vos données, ce qui facilite la lecture et la compréhension de vos feuilles de calcul. Dans les exercices suivants, nous continuerons à explorer d'autres fonctionnalités d'Excel. Continuez à pratiquer et à découvrir les possibilités qu'Excel offre pour améliorer la présentation de vos données !

FORMULES ET FONCTIONS

Exercice 7 : Utilisation des opérateurs mathématiques de base

Dans cet exercice, nous allons explorer l'utilisation des opérateurs mathématiques de base dans Excel. Les opérateurs mathématiques vous permettent d'effectuer des calculs simples sur les valeurs des cellules. Suivez les étapes ci-dessous pour compléter l'exercice :

- Étape 1 : Ouvrez Excel Office 365 sur votre ordinateur.
- Étape 2 : Créez un nouveau classeur.
- Étape 3 : Saisissez les données suivantes dans les cellules :
  - Cellule A1 : 10
  - Cellule B1 : 5
  - Cellule C1 : 2
- Étape 4 : Création des formules

  Dans la cellule A2, tapez la formule suivante : « =A1+B1 ». Cette formule additionne les valeurs des cellules A1 et B1.

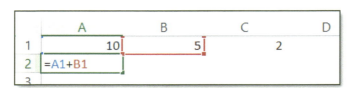

  Appuyez sur la touche « Entrée » pour valider la formule. La cellule A2 affichera maintenant le résultat de l'addition des cellules A1 et B1, soit 15.

	A	B	C
1	10	5	2
2	15		

Dans la cellule B2, tapez la formule suivante : « =A1-B1 ».
Cette formule soustrait la valeur de la cellule B1 de celle
de la cellule A1.

Appuyez sur la touche « Entrée » pour valider la formule.
La cellule B2 affichera maintenant le résultat de la
soustraction des cellules A1 et B1, soit 5.

1	10	5	2
2	15	=A1-B1	

Dans la cellule C2, tapez la formule suivante : « =A1*B1 ».
Cette formule multiplie les valeurs des cellules A1 et B1.
Appuyez sur la touche « Entrée » pour valider la formule.
La cellule C2 affichera maintenant le résultat de la
multiplication des cellules A1 et B1, soit 50.

1	10	5	2
2	15	5	=A1*B1
3			

Dans la cellule D2, tapez la formule suivante : « =A1/B1 ».
Cette formule divise la valeur de la cellule A1 par celle de
la cellule B1.
Appuyez sur la touche « Entrée » pour valider la formule.
La cellule D2 affichera maintenant le résultat de la division
des cellules A1 et B1, soit 2.

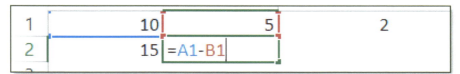

	A	B	C	D
1	10	5	2	
2	15	5	50	=A1/B1
3				

Expérimentez en changeant les valeurs des cellules A1 et B1 pour voir comment cela affecte les résultats des calculs dans les cellules correspondantes. Faites d'autres combinaisons de calcul en utilisant C1.

Félicitations ! Vous avez terminé l'exercice 7 et vous savez maintenant comment utiliser les opérateurs mathématiques de base dans Excel Office 365. Les opérateurs mathématiques vous permettent d'effectuer des calculs simples sur les valeurs des cellules, ce qui est utile pour effectuer des calculs rapides et automatisés dans vos feuilles de calcul. Dans les exercices suivants, nous continuerons à explorer d'autres fonctionnalités d'Excel. Continuez à pratiquer et à découvrir les possibilités qu'Excel offre pour manipuler et analyser des données !

Exercice 8 : Fonctions simples (somme, moyenne, max, min)

Dans cet exercice, nous allons explorer l'utilisation de fonctions simples dans Excel Office 365. Les fonctions sont des formules prédéfinies qui effectuent des calculs automatiques sur un ensemble de valeurs. Nous allons nous concentrer sur les fonctions de somme, de moyenne, de maximum et de minimum. Suivez les étapes ci-dessous pour compléter l'exercice :

⊞ Étape 1 : Saisi de données

Dans un nouveau classeur, saisissez les données suivantes dans les cellules :

- Cellule A1 : 5
- Cellule A2 : 10
- Cellule A3 : 15
- Cellule A4 : 20
- Cellule A5 : 25

⊞ Étape 2 : Saisi des fonctions

Dans la cellule B1, tapez la formule suivante : « =SOMME(A1:A5) ». Cette formule utilise la fonction SOMME pour calculer la somme des valeurs des cellules A1 à A5.

	A	B	C	D
1	5	=SOMME(A1:A5)		
2	10	SOMME(nombre1, [nombre2], ...)		
3	15			
4	20			
5	25			

Appuyez sur la touche « Entrée » pour valider la formule. La cellule B1 affichera maintenant le résultat de la somme des valeurs, soit 75.

Dans la cellule B2, tapez la formule suivante : « =MOYENNE(A1:A5) ». Cette formule utilise la fonction MOYENNE pour calculer la moyenne des valeurs des cellules A1 à A5.

Appuyez sur la touche « Entrée » pour valider la formule. La cellule B2 affichera maintenant le résultat de la moyenne des valeurs, soit 15.

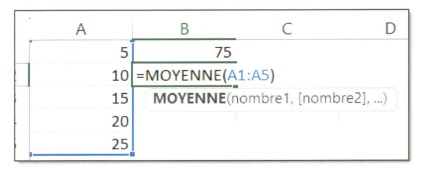

Dans la cellule B3, tapez la formule suivante : « =MAX(A1:A5) ». Cette formule utilise la fonction MAX pour trouver la valeur maximale parmi les cellules A1 à A5.

Appuyez sur la touche « Entrée » pour valider la formule. La cellule B3 affichera maintenant le résultat de la valeur maximale, soit 25.

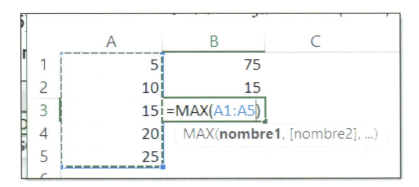

Dans la cellule B4, tapez la formule suivante : « =MIN(A1:A5) ».
Cette formule utilise la fonction MIN pour trouver la valeur
minimale parmi les cellules A1 à A5.

Appuyez sur la touche « Entrée » pour valider la formule. La
cellule B4 affichera maintenant le résultat de la valeur minimale,
soit 5.

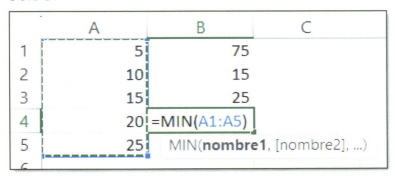

Dans la cellule B5, tapez la formule suivante : « =NB(A1:A5) ».
Cette formule utilise la fonction NB pour compter le nombre de
cellules contenant des chiffres dans les cellules A1 à A5.

Appuyez sur la touche « Entrée » pour valider la formule. La cellule B5 affichera le nombre de cellules qui contiennent des chiffres, soit 4.

	A	B
1	5	75
2	10	15
3	15	25
4	20	5
5	25	=NB(A1:A5)

Expérimentez en modifiant les valeurs des cellules A1 à A5 pour voir comment cela affecte les résultats des fonctions dans les cellules B1 à B5.

Félicitations ! Vous avez terminé l'exercice 8 et vous savez maintenant comment utiliser les fonctions simples de somme, de moyenne, de maximum et de minimum dans Excel Office 365. Les fonctions sont extrêmement utiles pour effectuer des calculs automatiques et analyser rapidement un ensemble de données. Dans les exercices suivants, nous continuerons à explorer d'autres fonctionnalités d'Excel. Continuez à pratiquer et à découvrir les nombreuses possibilités qu'Excel offre pour manipuler et analyser des données !

GESTION DES DONNÉES

Exercice 9 : Tri des données dans un tableau

Dans cet exercice, nous allons explorer comment trier les données dans une plage de données dans Excel Office 365. Le tri vous permet d'organiser les données de manière croissante ou décroissante en fonction d'une colonne spécifique. Suivez les étapes ci-dessous pour compléter l'exercice :

☒ Étape 1 : Saisi de données

Dans un nouveau classeur, saisissez les données suivantes dans les cellules :

- Colonne A : Prénom
- Colonne B : Nom
- Colonne C : Âge

Assurez-vous d'avoir au moins 5 lignes de données dans votre tableau.

	A	B	C
1	Prénom	Nom	Âge
2	Patrick	Jodoin	25
3	Carl	Fontaine	45
4	Lyly	Daviau	18
5	Raphaël	Lamarche	60
6	Mya	Martineau	35
7			

■ Étape 2 : Sélection des données

Sélectionnez tout le tableau en cliquant sur la cellule en haut à gauche (A1) et en faisant glisser le curseur jusqu'à la dernière cellule du tableau.

■ Étape 3 : Tri des données

Dans le menu supérieur, cliquez sur l'onglet « Données ».

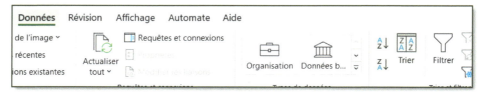

Dans la section « Trier et filtrer », cliquez sur le bouton « Trier ». Une boîte de dialogue apparaîtra. Sélectionnez la colonne que vous souhaitez trier.

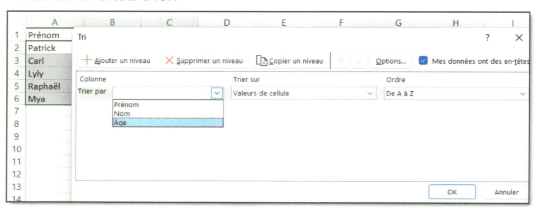

Choisissez si vous souhaitez trier les données de manière croissante (du plus petit au plus grand) ou décroissante (du plus grand au plus petit).

Cliquez sur le bouton « OK » pour appliquer le tri. Les données dans le tableau seront réorganisées en fonction de la colonne sélectionnée.

	A	B	C
1	Prénom	Nom	Âge
2	Lyly	Daviau	18
3	Patrick	Jodoin	25
4	Mya	Martineau	35
5	Carl	Fontaine	45
6	Raphaël	Lamarche	60

Expérimentez en changeant la colonne de tri ou en modifiant les données pour voir comment cela affecte le résultat du tri.

Félicitations ! Vous avez terminé l'exercice 9 et vous savez maintenant comment trier les données dans un tableau Excel Office 365. Le tri est un moyen efficace d'organiser et de visualiser vos données selon un ordre spécifique. Dans les exercices suivants, nous continuerons à explorer d'autres fonctionnalités d'Excel. Continuez à pratiquer et à découvrir les nombreuses possibilités qu'Excel offre pour manipuler et analyser des données !

Exercice 10 : Filtrage des données

Dans cet exercice, nous allons explorer comment filtrer les données dans un tableau Excel Office 365. Le filtrage vous permet de sélectionner et afficher uniquement les données qui répondent à certains critères spécifiques. Suivez les étapes ci-dessous pour compléter l'exercice :

- Étape 1 : Utilisez les données de l'exercice précédent
- Étape 2 : Sélection des données

    Sélectionnez tout le tableau en cliquant sur la cellule en haut à gauche (A1) et en faisant glisser le curseur jusqu'à la dernière cellule du tableau.

- Étape 3 : Filtrage des données

    Dans le menu supérieur, cliquez sur l'onglet "Données".

Dans la section "Trier et filtrer", cliquez sur le bouton "Filtrer". Des flèches de filtrage apparaîtront dans les en-têtes de colonnes.

Prénom	Nom	Âge
Lyly	Daviau	18
Patrick	Jodoin	25
Mya	Martineau	35
Carl	Fontaine	45
Raphaël	Lamarche	60

Cliquez sur la flèche de filtrage dans l'en-tête de la colonne que vous souhaitez filtrer. Par exemple, si vous voulez filtrer les données en fonction de l'âge, cliquez sur la flèche de filtrage dans l'en-tête de la colonne C.

Une liste déroulante apparaîtra avec différentes options de filtrage. Vous pouvez sélectionner une ou plusieurs options pour filtrer les données. Par exemple, vous pouvez choisir de n'afficher que les personnes de plus de 30 ans.

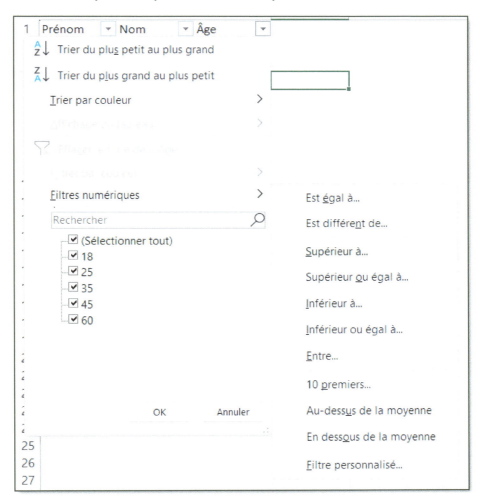

Une fois que vous avez sélectionné les options de filtrage, cliquez sur le bouton "OK" pour appliquer le filtre. Les données dans le tableau seront filtrées en fonction des critères sélectionnés.

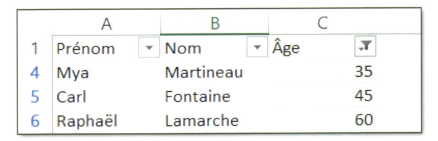

Pour supprimer le filtre et afficher à nouveau toutes les données, cliquez à nouveau sur le bouton « Effacer » dans l'onglet "Données".

Expérimentez en changeant les critères de filtrage ou en modifiant les données pour voir comment cela affecte le résultat du filtrage.

Félicitations ! Vous avez terminé l'exercice 10 et vous savez maintenant comment filtrer les données dans un tableau Excel Office 365. Le filtrage est un moyen puissant de visualiser et d'analyser uniquement les données qui répondent à des critères spécifiques. Dans les exercices suivants, nous continuerons à explorer d'autres fonctionnalités d'Excel. Continuez à pratiquer et à découvrir les nombreuses possibilités qu'Excel offre pour manipuler et analyser des données !

CRÉATION DE GRAPHIQUES

Exercice 11 : Création d'un graphique à partir de données

Dans cet exercice, nous allons explorer comment créer un graphique à partir de données dans Excel Office 365. Les graphiques vous permettent de visualiser vos données de manière graphique, ce qui facilite leur compréhension et leur analyse. Suivez les étapes ci-dessous pour compléter l'exercice :

- Étape 1 : Saisi de données

    Dans un nouveau classeur, saisissez les données suivantes dans les cellules :

    - Colonne A : Mois
    - Colonne B : Ventes

Assurez-vous d'avoir au moins 5 lignes de données dans votre tableau.

Mois	Ventes
Mars	$ 25,000.00
Juin	$ 45,202.00
Septembre	$ 6,541.00
Novembre	$ 25,452.00
Décembre	$ 60,003.00

Étape 2 : Sélection de données

Sélectionnez les données dans le tableau, y compris les en-têtes de colonnes.

Étape 3 : Insertion du graphique

Dans le menu supérieur, cliquez sur l'onglet "Insertion".

Dans la section "Graphiques", cliquez sur le type de graphique que vous souhaitez créer. Par exemple, vous pouvez choisir un graphique de type histogramme.

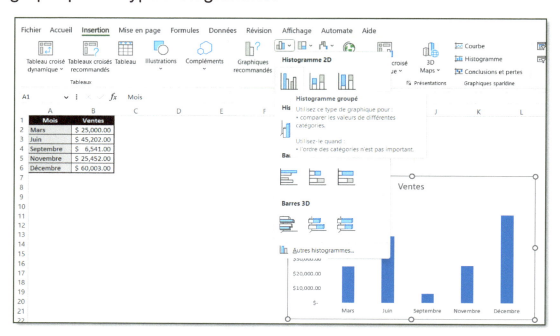

Un graphique sera créé en fonction des données sélectionnées. Vous pouvez personnaliser le graphique en ajoutant des titres, des étiquettes d'axe, des légendes, etc.

▣ Expérimentez en changeant le type de graphique ou en modifiant les données pour voir comment cela affecte le résultat du graphique.

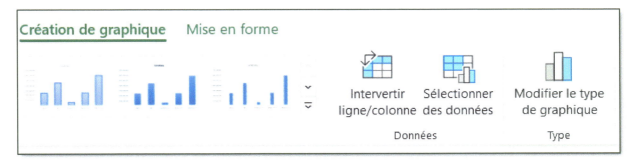

▣ Pour modifier le graphique une fois qu'il est créé, cliquez dessus pour le sélectionner, puis utilisez les options d'édition dans l'onglet « Création de graphique » qui apparaît dans le menu supérieur.

▣ Pour supprimer le graphique, cliquez dessus pour le sélectionner, puis appuyez sur la touche « Supprimer » de votre clavier.

Félicitations ! Vous avez terminé l'exercice 11 et vous savez maintenant comment créer un graphique à partir de données dans Excel Office 365. Les graphiques sont un excellent moyen de visualiser vos données et de détecter des tendances ou des modèles. Dans les exercices suivants, nous continuerons à explorer d'autres fonctionnalités d'Excel. Continuez à pratiquer et à découvrir les nombreuses possibilités qu'Excel offre pour manipuler et analyser des données !

Exercice 12 : Personnalisation des graphiques (titres, légendes, axes)

Dans cet exercice, nous allons explorer comment personnaliser les graphiques dans Excel Office 365. La personnalisation des graphiques vous permet d'ajouter des titres, des légendes et de formater les axes pour améliorer la lisibilité et la compréhension de vos données. Suivez les étapes ci-dessous pour compléter l'exercice :

- ▣ Étape 1 : Création du graphique

    En utilisant les données de l'exercice précédent, créez un graphique de type Histogramme.

- ▣ Étape 2 : Sélection du graphique

    Une fois le graphique créé, cliquez dessus pour le sélectionner.

- ▣ Étape 3 : Modification du graphique

    Dans l'onglet « Création de graphique », vous trouverez différentes options de personnalisation. Voici quelques-unes des options les plus courantes :

    Pour ajouter un titre au graphique, cliquez sur l'option « Ajouter un élément graphique », puis « Titre du graphique » et tapez le titre souhaité.

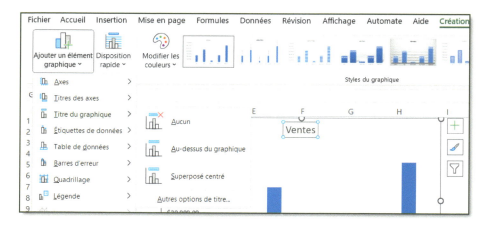

Pour ajouter une légende, cliquez sur l'option "Légende" et choisissez la position souhaitée pour la légende.

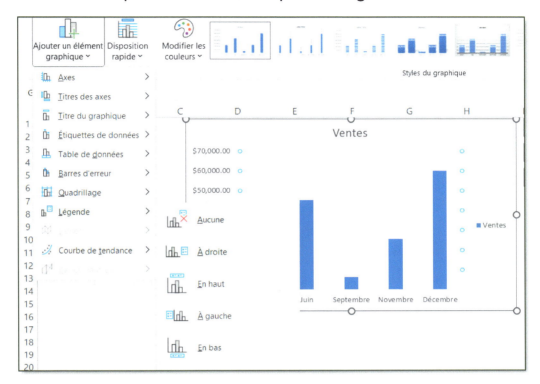

Pour formater les axes, cliquez sur les options « Horizontal principal (catégorie) » et « Vertical principal (valeur) ». Pour accéder aux options de mise en forme des axes, cliquez sur « Autres options d'axe…

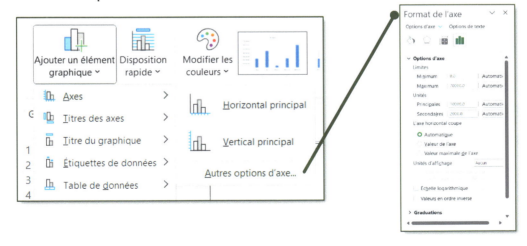

Pour changer le style ou la couleur du graphique, utilisez les options « Styles de graphique ».

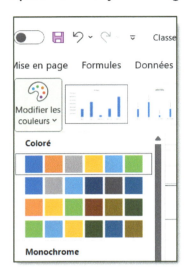

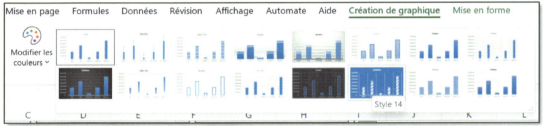

 Expérimentez en utilisant différentes options de personnalisation pour modifier l'apparence du graphique.

Félicitations ! Vous avez terminé l'exercice 12 et vous savez maintenant comment personnaliser les graphiques dans Excel Office 365. La personnalisation des graphiques vous permet de rendre vos données plus attrayantes et plus compréhensibles. Dans les exercices suivants, nous continuerons à explorer d'autres fonctionnalités d'Excel. Continuez à pratiquer et à découvrir les nombreuses possibilités qu'Excel offre pour manipuler et analyser des données !

Différents types de graphiques

Il existe plusieurs types de graphiques que vous pouvez utiliser dans Excel pour représenter vos données de différentes manières. Voici quelques-uns des types de graphiques couramment utilisés :

- Histogramme : Ce type de graphique représente les données sous forme de barres verticales. Il est souvent utilisé pour comparer des catégories distinctes ou montrer des variations dans une série de données.

- Graphique en barres : Contrairement au graphique en colonnes, le graphique en barres affiche les barres horizontalement. Il est également utilisé pour la comparaison de catégories ou de données.

- Courbe : Ce type de graphique trace des points de données reliés par des lignes. Il est couramment utilisé pour visualiser des tendances ou des évolutions sur une période.

- Graphique en secteurs : Aussi appelé graphique circulaire, il représente les données sous forme de parts de gâteau. Il est utilisé pour montrer la répartition proportionnelle des différentes catégories d'une variable.

- Graphique en aires : Ce type de graphique remplit l'espace entre les lignes avec de la couleur, créant ainsi une zone colorée. Il est utile pour représenter des données cumulatives ou pour montrer les variations dans une série de données.

- ⊞ Graphique en nuages de points : Ce graphique représente les données à l'aide de points individuels sur un plan cartésien. Il est souvent utilisé pour montrer les relations entre deux variables et pour détecter des schémas ou des corrélations.
- ⊞ Graphique en radar : Ce type de graphique présente les données sous forme de lignes qui se rejoignent à partir d'un point central. Il est utilisé pour comparer plusieurs catégories de données en fonction de différentes variables.

Ces sont quelques-uns des types de graphiques les plus couramment utilisés dans Excel, mais il en existe bien d'autres. Excel offre une grande variété d'options de graphiques pour répondre à vos besoins spécifiques de représentation des données.

CONSEILS ET ASTUCES POUR EXCEL

Exercice 13 : Utilisation des raccourcis clavier

Dans cet exercice, nous allons explorer l'utilisation des raccourcis clavier dans Excel Office 365. Les raccourcis clavier permettent d'effectuer des tâches courantes plus rapidement et plus efficacement. Suivez les instructions ci-dessous pour compléter l'exercice :

- Étape 1 : Créez un nouveau classeur
- Étape 2 : Saisissez quelques données dans les cellules du classeur.
- Étape 3 : Utilisez les raccourcis claviers suivants pour effectuer les actions correspondantes :
    - Ctrl + N : Créer un nouveau classeur.
    - Ctrl + O : Ouvrir un classeur existant.
    - Ctrl + S : Enregistrer le classeur.
    - Ctrl + Z : Annuler la dernière action.
    - Ctrl + Y : Rétablir la dernière action annulée.
    - Ctrl + C : Copier les cellules sélectionnées.
    - Ctrl + X : Couper les cellules sélectionnées.
    - Ctrl + V : Coller le contenu copié ou coupé.
    - Ctrl + B : Mettre en gras le texte sélectionné.
    - Ctrl + I : Mettre en italique le texte sélectionné.
    - Ctrl + U : Souligner le texte sélectionné.
    - Ctrl + F : Ouvrir la boîte de dialogue de recherche.
    - Ctrl + H : Ouvrir la boîte de dialogue de recherche et remplacement.
    - Ctrl + Flèche gauche : Aller à la dernière colonne utilisée à gauche.
    - Ctrl + Flèche droite : Aller à la dernière colonne utilisée à droite.

- Ctrl + Flèche haut : Aller à la dernière ligne utilisée vers le haut.
- Ctrl + Flèche bas : Aller à la dernière ligne utilisée vers le bas.

🖼 Expérimentez avec d'autres raccourcis clavier que vous connaissez ou trouvez ceux qui vous semblent utiles pour votre travail avec Excel.

Félicitations ! Vous avez terminé l'exercice 13 et vous avez exploré l'utilisation des raccourcis clavier dans Excel Office 365. Les raccourcis clavier sont un excellent moyen d'accélérer votre travail et d'améliorer votre productivité. Continuez à les pratiquer et à les utiliser régulièrement pour les intégrer dans votre flux de travail habituel. Dans les exercices suivants, nous continuerons à explorer d'autres fonctionnalités d'Excel.

Exercice 14 : Utilisation des commentaires pour documenter vos données

Dans cet exercice, nous allons explorer l'utilisation des commentaires dans Excel Office 365 pour documenter vos données. Les commentaires vous permettent d'ajouter des notes ou des explications supplémentaires aux cellules de votre feuille de calcul. Suivez les étapes ci-dessous pour compléter l'exercice :

- ▣ Étape 1 : Créez un nouveau classeur.
- ▣ Étape 2 : Saisissez quelques données dans les cellules du classeur.
- ▣ Étape 3 : Sélectionnez une cellule dans laquelle vous souhaitez ajouter un commentaire.
- ▣ Étape 4 : Cliquez avec le bouton droit de la souris sur la cellule sélectionnée et sélectionnez « Insérer un commentaire » ou « Insérer une note ».
- ▣ Étape 5 : Une boîte de texte apparaîtra à côté de la cellule, vous permettant de saisir votre commentaire ou votre note. Tapez une note ou une explication pour la cellule sélectionnée.
- ▣ Étape 6 : Cliquez en dehors de la boîte de commentaire pour la fermer.
- ▣ Étape 7 : Répétez les étapes 4 à 7 pour ajouter des commentaires à d'autres cellules de votre choix.

- Pour afficher les commentaires ou les notes, sélectionnez la cellule contenant le commentaire. Une petite icône de commentaire apparaîtra dans le coin supérieur droit de la cellule.

- Pour modifier ou supprimer un commentaire, sélectionnez la cellule contenant le commentaire, cliquez avec le bouton droit de la souris et sélectionnez l'option appropriée dans le menu contextuel.

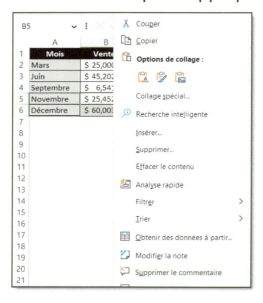

- Expérimentez en ajoutant des commentaires à différentes cellules pour documenter vos données.

Félicitations ! Vous avez terminé l'exercice 14 et vous avez appris à utiliser les commentaires pour documenter vos données dans Excel Office 365. Les commentaires sont utiles pour ajouter des informations supplémentaires, des instructions ou des clarifications à vos feuilles de calcul. Ils peuvent également être utiles lors de la collaboration avec d'autres utilisateurs. Continuez à les utiliser pour organiser et documenter vos données de manière efficace. Dans les exercices suivants, nous continuerons à explorer d'autres fonctionnalités d'Excel.

Exercice 15 : Utilisation des outils de vérification des erreurs

Dans cet exercice, nous allons explorer l'utilisation des outils de vérification des erreurs dans Excel Office 365. Ces outils vous permettent d'identifier et de corriger les erreurs dans vos formules ou données. Suivez les étapes ci-dessous pour compléter l'exercice :

- Étape 1 : Créez un nouveau classeur.
- Étape 2 : Dans une cellule autre que A1 et B1, créez une formule qui contient une erreur délibérée, par exemple : « =A1/B1 » où les cellules A1 et B1 sont vides ou contiennent des valeurs incompatibles pour une division.

Observez comment Excel affiche une erreur dans la cellule contenant la formule incorrecte.

- Étape 3 : Sélectionnez la cellule contenant l'erreur et remarquez qu'elle affiche un bouton « Outils de vérification des erreurs » (représenté par une icône en forme de triangle jaune avec un point d'exclamation). Cliquez sur ce bouton. ⚠️

▣ Un menu déroulant s'affiche avec différentes options pour corriger l'erreur. Expérimentez avec les options suivantes :

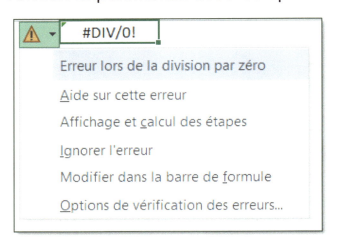

« Afficher l'aide sur l'erreur » : Cliquez sur cette option pour afficher des informations sur l'erreur spécifique et des suggestions pour la résoudre.

« Affichage et calcul des étapes » : Cette option vous permet d'analyser pas à pas la formule et de voir les valeurs intermédiaires utilisées lors du calcul.

« Ignorer l'erreur » : Utilisez cette option si vous souhaitez ignorer l'erreur et laisser la formule telle quelle.

« Modifier dans la barre de formule » : Cette option vous permet de modifier directement la formule dans la barre de formule.

▣ Choisissez l'option qui vous convient le mieux pour corriger l'erreur.

▣ Expérimentez avec d'autres types d'erreurs courantes, tels que des références de cellules incorrectes, des divisions par zéro, etc., et utilisez les outils de vérification des erreurs pour les résoudre.

Sauvegardez votre classeur une fois que vous avez terminé l'exercice.

Félicitations ! Vous avez terminé l'exercice 15 et vous avez exploré l'utilisation des outils de vérification des erreurs dans Excel Office 365. Ces outils sont très utiles pour identifier et corriger rapidement les erreurs dans vos formules ou données. Continuez à les utiliser pour assurer l'exactitude de vos calculs et améliorer la qualité de vos feuilles de calcul. Dans les exercices suivants, nous continuerons à explorer d'autres fonctionnalités d'Excel.

CONCLUSION

Félicitations pour avoir terminé ce livre d'exercices d'Excel Office 365 pour les débutants ! Vous avez exploré divers aspects d'Excel, notamment l'interface, la saisie de données, la mise en forme, l'utilisation de fonctions prédéfinies, le tri et le filtrage des données, la création de graphiques, la personnalisation des graphiques, l'utilisation des commentaires, et les outils de vérification des erreurs.

Excel est un outil puissant et polyvalent qui peut être utilisé dans de nombreux domaines et pour diverses tâches. En comprenant et en maîtrisant ces concepts de base, vous serez en mesure d'utiliser Excel de manière plus efficace et de tirer le meilleur parti de ses fonctionnalités.

Continuez à pratiquer et à explorer les fonctionnalités avancées d'Excel pour développer vos compétences. N'hésitez pas à consulter la documentation d'Excel, à rechercher des tutoriels en ligne et à expérimenter par vous-même pour approfondir votre compréhension.

Rappelez-vous que la pratique régulière et l'expérience pratique sont essentielles pour devenir compétent dans l'utilisation d'Excel. Utilisez des projets réels ou des scénarios pratiques pour appliquer vos connaissances et affiner vos compétences.

J'espère que ce livre d'exercices vous a été utile dans votre apprentissage d'Excel Office 365. N'hésitez pas à revenir à ces exercices à tout moment pour rafraîchir vos connaissances ou pour pratiquer davantage. Bonne continuation dans votre parcours d'apprentissage d'Excel !